Animales opuestos/Animal Opposites

Veloces y lentos

Un libro de animales opuestos

Fast and Slow

An Animal Opposites Book

por/by Lisa Bullard

Traducción/Translation: Dr. Martín Luis Guzmán Ferrer
Editor Consultor/Consulting Editor: Dra. Gail Saunders-Smith
Consultor en contenidos/Content Consultant: Zoological Society of San Diego

Capstone

Mankato, Minnesota

Some animals move as fast as race cars. Others are so slow they hardly move at all. Let's learn about fast and slow by looking at animals around the world.

Algunos animales se mueven tan veloces como un auto de carreras. Otros son tan lentos que casi no se mueven. Vamos a aprender sobre lo veloz y lo lento observando a los animales del mundo.

Fast/Veloces

Falcons are the world's fastest birds. They zoom through the sky in search of food.

Los halcones son los pájaros más veloces del mundo. Vuelan a gran velocidad por el cielo en busca de comida.

4

Slow/Lentos

Snails move very, very slowly. They lug their shells from place to place.

Los caracoles se mueven muy despacito. Llevan a cuestas sus conchas de un lado a otro.

Fast/Veloces

Cheetahs are the fastest animals on land. With quick bursts of speed, they chase down food.

Los guepardos son los animales más veloces en la tierra. A base de veloces arranques persiguen su comida.

Slow / Lentos

Three-toed sloths move slowly through forest trees.

El perezoso de tres dedos se mueve lentamente por los árboles del bosque.

Sloths hang from tree branches almost all day. They even sleep while hanging upside down.

Los perezosos se cuelgan de los árboles casi todo el día. Hasta se duermen colgados de cabeza.

Fast/Veloces

Sailfish dart through the ocean.
They are the world's fastest fish.

El pez vela va como un tiro por el mar.
Son los peces más veloces del mundo.

Slow/Lentos

Seahorses aren't really horses. They are very slow fish.

Los caballitos de mar en realidad no son caballos. Son unos peces muy lentos.

Fast/Veloces

Fast zebras belong to the horse family. They gallop away from danger.

Las veloces cebras pertenecen a la familia de los caballos. Galopan para huir del peligro.

Slow/Lentos

Pangolins (PANG-oh-lins) are slow desert mammals. They roll into balls when scared.

Los pangolines son unos mamíferos del desierto. Cuando tienen miedo se hacen una bola.

Fast/Veloces

Dragonflies are fast-flying insects. They can quickly turn and zoom backward.

Las libélulas son unos insectos muy veloces. Pueden darse vuelta rápidamente y volar hacia atrás.

Some people call dragonflies mosquito hawks. Adult dragonflies eat hundreds of mosquitoes every day.

Algunas personas les dicen a las libélulas halcones de las mosquitos. Las libélulas adultas comen cientos de mosquitos todos los días.

Slow/Lentos

Bumblebees buzz slowly from flower to flower.

Los abejorros zumban lentamente de flor en flor.

Fast/Veloces

Ostriches can't fly.
But they run faster
than a horse.

Las avestruces no pueden
volar. Pero pueden correr
tan rápido como un caballo.

Slow/Lentos

Penguins can't fly either. They waddle slowly on their short legs.

Los pingüinos tampoco pueden volar. Lentamente caminan como patos con sus patas cortitas.

Fast/Veloces

Kangaroos take big
hops to travel fast.

Los canguros dan
grandes brincos para
moverse rápidamente.

Kangaroos and koalas are
marsupials. Female marsupials
carry their young inside pouches
on their bellies.

Los canguros y los koalas son
marsupiales. Las hembras de
los marsupiales llevan a sus
crías en unas bolsas que
tienen en la barriga.

Slow/Lentos

Koalas climb slowly through Australia's trees.

Los koalas trepan lentamente por los árboles de Australia.

Fast/Veloces

Pronghorns are the fastest land animals in North America.

Los antílopes americanos son los animales terrestres más veloces de América del Norte.

Slow / Lentos

Slow-walking Gila monsters live in North American deserts.

El lento monstruo de Gila vive en los desiertos de América del Norte.

Gila monsters are one of only two kinds of venomous lizards.

Los monstruos de Gila son una de las dos clases de lagartos venenosos que existen.

Fast/Veloces

Orcas are also called killer whales. They swim fast to hunt for food.

Las orcas también se conocen como ballenas asesinas. Para cazar su comida nadan muy rápido.

Slow/Lentos

Manatees are slow water mammals. These gentle giants munch on sea plants.

Los manatíes son mamíferos acuáticos muy lentos. Estos apacibles gigantes mastican plantas acuáticas.

Fast/Veloces

During the day, gibbons
swing fast through
the rain forest.

Durante el día, los gibones
se columpian velozmente
de uno a otro árbol por
todo el bosque.

Slow/Lentos

At night, lorises slowly creep from branch to branch.

En la noche, los lorises se arrastran lentamente de rama en rama.

23

Fast/Veloces

Hares hop fast to escape
other animals.

Las liebres saltan velozmente
para escapar de otros animales.

Slow/Lentos

Tortoises slowly carry
their shells along.

Las tortugas lentamente
cargan con sus caparazones.

Tortoises can live
more than 150 years.

Las tortugas pueden
vivir más de 150 años.

Some fast animals chase after food. Others quickly run from danger. Some slow animals climb through trees. Others crawl across the ground. What kinds of fast and slow animals live near you?

Algunos animales veloces persiguen su comida. Otros se alejan rápidamente del peligro. Algunos animales lentos trepan por los árboles. Otros se arrastran por el suelo. ¿Qué clase de animales veloces o lentos viven cerca de ti?

How Fast?

Bumblebees buzz along at about 5 miles an hour. People usually walk that fast.

Los abejorros zumban como a 5 millas por hora. Las personas generalmente caminan a esa velocidad.

Tortoises stroll from place to place at less than 1 mile an hour.

Las tortugas pasean de un lugar a otro a menos de 1 milla por hora.

Snails move so slowly, they would take more than a day to travel 1 mile.

Los caracoles se mueven tan despacio que les llevaría más de un día recorrer 1 milla.

¿Qué tan veloces?

Cheetahs sprint up to 70 miles an hour.

Los guepardos pueden correr hasta a 70 millas por hora.

Falcons dive through the sky at 120 miles an hour.

Los halcones vuelan por el cielo a más de 120 millas por hora.

Reaching speeds of 30 miles an hour, dragonflies are one of the world's fastest insects.

Al alcanzar velocidades de 30 millas por hora, las libélulas son uno de los insectos más rápidos del mundo.

At a top speed of 40 miles an hour, kangaroos cover more than 30 feet in a single hop.

A una velocidad de hasta 40 millas por hora, los canguros logran adelantar más de 30 pies de un solo salto.

Glossary

gallop — to run fast

insect — a small animal with a hard outer shell, six legs, three body sections, and two antennas; most insects have wings.

mammal — a warm-blooded animal that has a backbone and feeds milk to its young; mammals also have hair and give live birth to their young.

marsupial — an animal that carries its young in a pouch

venomous — having or producing a poison called venom; Gila monsters have a venomous bite.

waddle — to walk with short steps while moving from side to side

Internet Sites

FactHound offers a safe, fun way to find Internet sites related to this book. All of the sites on FactHound have been researched by our staff.

Here's how:

1. Visit *www.facthound.com*

2. Choose your grade level.

3. Type in this book ID **142962390X** for age-appropriate sites. You may also browse subjects by clicking on letters, or by clicking on pictures and words.

4. Click on the **Fetch It** button.

FactHound will fetch the best sites for you!

Glosario

caminar como patos — caminar con pasos cortos moviéndose de lado a lado

galopar — correr rápido

el insecto — animal pequeño de concha exterior dura, seis pat... cuerpo dividido en tres secciones y dos anten... mayoría de los insectos tiene alas.

el m...fero — animal de sangre caliente con co...a vertebral que alimenta a sus crías con leche; l... mamíferos usualmente tienen pelo; la mayoría ...os mamíferos da a luz a sus crías.

...marsupial — animal que lleva a sus crías en una bolsa

venenoso — tener o producir un tóxico llamado veneno; el monstruo de Gila tiene una mordida venenosa.

Sitios de Internet

FactHound te brinda una manera divertida y segura de encontrar sitios de Internet relacionados con este libro. Hemos investigado todos los sitios de FactHound. Es posible que algunos sitios no estén en español.

Se hace así:

1. Visita *www.facthound.com*

2. Elige tu grado escolar.

3. Introduce este código especial **142962390X** para ver sitios apropiados a tu edad, o usa una palabra relacionada con este libro para hacer una búsqueda general.

4. Haz un clic en el botón **Fetch It**.

¡FactHound buscará los mejores sitios para ti!

Index

Índice

A+ Books are published by Capstone Press, 151 Good Counsel Drive, P.O. Box 669, Mankato, Minnesota 56002. www.capstonepress.com

1 2 3 4 5 6 13 12 11 10 09 08

Library of Congress Cataloging-in-Publication Data
Bullard, Lisa.
  [Fast and slow. Spanish & English]
  Veloces y lentos : un libro de animales opuestos = Fast and slow : an animal opposites book /por/by Lisa Bullard.
     p. cm. — (Animales opuestos = Animal opposites)
  Added t.p. title: Fast and slow
  Includes index.
  ISBN-13: 978-1-4296-2390-2 (hardcover)
  ISBN-10: 1-4296-2390-X (hardcover)
  1. Animals — Miscellanea — Juvenile literature. 2. Animal locomotion — Miscellanea — Juvenile literature. I. Title. II. Title: Fast and slow.
QL49.B774818 2009
590 — dc22   2008003342

Summary: Brief text introduces the concepts of fast and slow, comparing some of the world's fastest animals with animals that are slow — in both English and Spanish.

Credits
Donald Lemke, editor; Eida del Risco, Spanish copy editor; Biner Design, designer; Kia Adams, set designer; Kelly Garvin, photo researcher; Scott Thoms, photo editor

Photo Credits
Ardea/Jean Paul Ferrero, 16; Ardea/M. Watson, 22; Brand X Pictures/Burke/Triolo, 12; Brand X Pictures/John Lambert, 27 (zebras); Bruce Coleman Inc., 9; Bruce Coleman Inc./Alan Blank, 19; Bruce Coleman Inc./Hans Reinhard, 7; Bruce Coleman Inc./Kim Taylor, 13; Bruce Coleman Inc./Pat Hagan, 21; Bruce Coleman Inc./Tom Brakefield, 20; Bruce Coleman Inc./Tui A. De Roy-Moore, 25; Corbis/John Conrad, 10; Digital Vision/Gerry Ellis, 1 (tortoise and ostrich), 2 (koala), 26 (tortoise), 27 (ostrich); Digital Vision/Gerry Ellis & Michael Durham, 26 (dragonfly); Digital Vision/Joel Simon, 1 (penguin), 2 (penguins), 15; Digital Vision/Stephen Frink, 3 (seahorse); Digital Vision Ltd., 3 (cheetah); Getty Images Inc./Andy Rouse, 6; Getty Images Inc./Frank Lane/Parfitt, cover; Getty Images Inc./Mick Martin, 5; James P. Rowan, cover; Minden Pictures/Frans Lanting, 23; Minden Pictures/Mitsuaki Iwago, 14; Minden Pictures/Thomas Mangelsen, 4; Peter Arnold, Inc./Dennis Nigel, 11; Peter Arnold, Inc./Gerard Lacz, 17; Photodisc/G.K. & Vikki Hart, 2 (bumblebee), 27 (snail); Seapics.com/Doug Perrine, 8; Tom & Pat Leeson, 18, 24

Note to Parents, Teachers, and Librarians

This Animales opuestos/Animal Opposites book uses full-color photographs and a nonfiction format to introduce children to the concepts of fast and show in both English and Spanish. Veloces y lentos/Fast and Slow is designed to be read aloud to a pre-reader or to be read independently by an early reader. Photographs help listeners and early readers understand the text and concepts discussed. The book encourages further learning by including the following sections: How Fast?, Glossary, Internet Sites, and Index. Early readers may need assistance using these features.